맞서싸우는
독립운동 史 2

# 청산리의 결전

| 일러두기 |

- 외래어 표기는 외래어 표기법을 기준으로 하되 관용적 표현은 예외를 두었다.
- 중국어 표기의 경우, 1911년 신해혁명 이후는 중국어 표기법을 따르되 경우에 따라 한국 한자음을 사용했다.

# 청산리의 결전

글·정명섭 | 그림·남문희 | 감수·신효승

## 글 작가의 말

청산리 전투는 1920년 10월 21일부터 26일까지 중국 지린성 청산리 일대에서 독립군과 일본군 간에 벌어진 전투를 가리킵니다. 교전이 여러 차례 벌어졌기 때문에 '청산리 전투'가 아니라 '청산리 전역'이 맞는다는 주장이 있습니다. 사전적인 의미, 그리고 실제로도 '청산리 전역'이 맞는다고 생각하지만, '청산리 전투'라는 용어가 오랫동안 사용되어왔기 때문에 책에는 '청산리 전투'라는 용어를 썼습니다.

조선을 장악한 일본은 러시아에서 벌어진 적백내전을 틈타서 시베리아로 진출을 꾀합니다. 중국 역시 청나라가 무너지고 황제가 된 위안스카이가 병사하면서 군벌들이 지방을 장악한 상태였습니다. 일본은 이 기회를 활용해 시베리아로 진출하는 데 방해가 될 간도 일대의 독립군을 토벌하려고 했습니다.

하지만 일본군 19사단이 편성한 월강추격대는 봉오동에서 독립군에게 전멸당할 뻔합니다. 결국 일본 군부는 대규모 토벌 작전을 진행합니다. 이런 정보를 미리 입수한 독립군은 일본군의 포위망을 빠져나가려고 했는데, 이 과정에서 벌어진 것이 바로 청산리 전투입니다. 한때는 '청산리 대첩'이라는 용어를 쓰며 일본군 수백, 수천 명을 사살했다고 했지만, 최근 공개된 자료에 의하면 그 정도는 아니라고 합니다. 그러나 전투의 승패는 전투의 목표가 달성되었는지로 판단해야 하고, 그런 측면에서 청산리 전투는 독립군의 주력을 섬멸하는 데 실패한 일본의 패배로 보아야 합니다. 청산리를 향해 포위망을 좁혀오는 일본군과의 전투는 독립군에게 두려움 그 자체였을 겁니다. 그걸 이겨내면서 싸운 독립군에게 고마움을 느낍니다.

책은 혼자 만드는 것이 아닙니다. 자문을 해준 신효승 박사는 물론 레드리버 관계자의 노력이 큰 도움이 되었습니다. 특히 멋진 그림으로 부족한 글을 채워준 남문희 작가님에게 깊이 감사드립니다.

2021년 8월
정명섭

## 그림 작가의 말

청산리 전투를 그리면서 이런 생각이 들었습니다.

'과연 내가 저 당시에 독립군이었다면 어땠을까?'

날씨는 춥고 식량도 많지 않고, 무기와 탄약도 한정적이고… 반면 상대하는 일본군은 압도적인 병력과 화력을 갖추고 있습니다. 조국을 강탈한 데 이어 시베리아와 만주까지 넘보는 막강한 상대입니다. 비교 자체가 안 되는 승부입니다.

승산이 있다고 생각했을까요? 목숨이 아깝지 않았을까요? 편안한 집과 안락한 생활이 그립지는 않았을까요?

조그마한 일에도 손해를 안 보려 하고 해가 되는 일은 멀찌감치 피해버리는 일개 소시민인 제가 보기엔, 모든 것을 던져버리고 싸움에 임하는 독립군들의 심정이 어땠을지 함부로 가늠하기 힘들었습니다. 기적적으로 승리를 하거나, 아니면 죽지 않고 살아난다고 해서 금은보화가 생기고 안락한 생활이 보장되지 않는다는 것을 독립군들도 잘 알고 있었을 겁니다.

일본군의 총탄이나 파편에 맞아 부상이라도 당한다면 어땠을까요? 일본군이 구축해놓은 포위망 속에서 후속을 갈 수도 없었겠죠. 시시각각 다가오는 일본군을 피해 험한 산, 습기 차고 미끄러운 땅을 상처 입은 몸을 이끌고 달려갔을 독립군들은 어떤 심정이었을까요?

수많은 일본군의 총과 대포에 맞서 포기하지 않고 총을 들어 한 발 한 발 쏘고 산속을 누비면서 독립군들을 싸우게 한 힘은 아마 조국을 되찾겠다는 일념이었을 겁니다. 대의 하나와 모든 것을 맞바꾼 청산리의 독립군들은 그림을 그리는 내내 저의 마음을 부끄럽게 만들기도 하고 뜨겁게 끓어오르게도 했습니다.

2021년 8월
남문희

# 차례

작가의 말 ································································································· 4

### 1  나비효과 ································································· 12
1920년 6월 7일, 일본군 월강추격대는 독립군의 저항을 이기지 못하고 봉오동에서 빈손으로 퇴각한다. 이것으로 모든 것이 끝난 걸까? 일본군은 만주의 군벌 장쭤린을 압박하며 새로운 작전계획을 수립한다. 봉오동에서 시작된 나비의 날갯짓은 또 다른 태풍을 예고한다.

### 2  간도를 토벌하라! ······················································ 32
일본은 조선을 안정적으로 지배하고 만주와 시베리아로 제국을 확장하기 위해 간도 토벌 계획을 준비한다. 전운이 감도는 간도. 독립군은 선택의 순간에 놓인다. 정면으로 맞서야 할까, 아니면 물러나서 때를 기다려야 할까?

### 3  10 대 1 ······································································ 72
전력 차이는 무려 10 대 1. 만반의 준비를 한 일본군의 포위망이 신속하게 좁혀들어온다. 독립군뿐 아니라 간도의 한인들까지 초토화하려는 일본군. 청산리 곳곳에서 결전이 시작된다. 일본군에게 보여주자. 우리가 만주의 호랑이라는 사실을!

## 4  호랑이와 사냥꾼 ········· 112

독립군은 청산리 일대를 누비며 매복과 기습으로 일본군을 괴롭힌다. 거친 산악 지형과 열악한 도로, 빽빽한 숲속에서 일본군의 절대 우위는 빛을 잃는다. 만주의 호랑이는 사냥꾼의 표독한 손아귀에서 벗어나 훗날을 기약하며 조국 산천을 등지고 북상한다.

## 5  머나먼 길 ········· 148

독립군은 열세를 극복하고 일본군의 포위망을 피해 전력을 보존한다. 하지만 독립을 쟁취하기 위해서는 아직 머나먼 길을 가야 한다. 한편, 청산리 전투의 이면에서 일본군은 또 다른 잔혹한 전쟁을 수행한다.

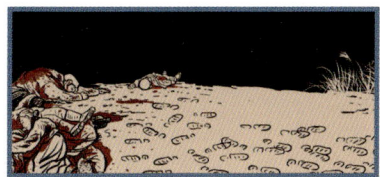

## 6  학살과 귀순, 간도참변 ········· 170

간도라는 토양에서 자라난 독립군. 줄기와 잎사귀가 독립군이라면 뿌리는 무엇일까? 바로 간도와 연해주로 이주한 수십만의 한인들이다. 이들 없이 독립군은 존재할 수 없다. 뿌리까지 완전히 갈아엎어라! 일본군의 채찍과 당근이 한인들의 삶마저 철저히 파괴한다.

## 7  푸트와 마틴, 그리고 장덕준 ········· 196

일본군은 간도의 한인들에게 가하는 만행이 국제 사회에 알려지지 않도록 정보를 철저히 통제한다. 요주의 인물 1순위는 서구의 선교사. 끈질기게 취재하는 조선인 기자도 몹시 성가시다. 진실은 목숨을 위협한다. 그러나 용기 있는 자들이 간도참변의 실상에 다가선다.

기억해야 할 인물들 ········· 236
독립군의 일본군 포위망 탈출 ········· 240
청산리 전투 타임라인 ········· 242
참고문헌 ········· 244

처음에는 막연하게 나라, 나라 하였으나 … 뜨거운 정열을 자유로 펼 수 있는 천지를 동경하는 마음은 감옥에서 나온 후로 더 깊었다. 그는 그때 '강경한 선비들과 의기로운 사람들이 동지를 규합하고 단체를 조직하여 천하를 가로보고 시기를 기다리는 무대'라고 명성이 뜨르렁하던 상해, 서백리아와 북만주를 동경하였다.

...
**1926년 발표된 최서해의 소설 《해돋이》 중에서**

# 1
## 나비효과

* 당시 조선총독부는 남산 왜성대에 위치해있었다. 경복궁 안에 세운 청사로 옮겨간 것은 1926년의 일이다.

* 장 순열사: 중국 동북3성을 지배하는 군벌 장쭤린을 일컫는다.

* 불령선인: '일본제국에 저항하고 따르지 않는 불온한 조선인'이라는 뜻으로 일제가 사용하던 용어다.

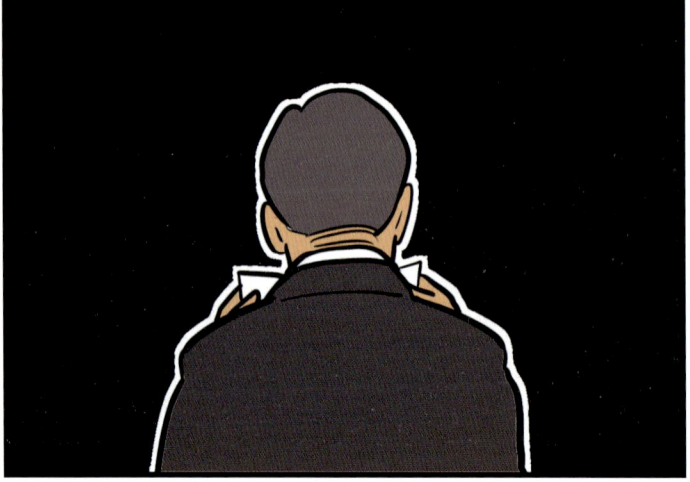

* 황군: '황국의 군대'라는 뜻으로, 일본이 자기의 군대를 이르던 말.

* 분로쿠 게이초의 역(文禄·慶長の役): 임진왜란(1592~1598)의 일본식 명칭.

펑텐 군벌을 이끄는 장쭤린은 패권을 차지하기 위해 일본의 지원이 필요했다.

그래서 독립군을 토벌해달라는 일본의 요구를 거절하지 못했던 것이다.

대놓고 들어주면 권위가 안 서고,

안 들어주면 지원을 못 받고.

봉오동 전투가 벌어지고 경성에서 독립군 토벌 회의가 열리던 1920년 6월은 장쭤린에게도 굉장히 중요한 시기였다.

내 운명이 곧 결판난다.

그가 주도하는 펑텐 군벌과 우페이푸의 즈리 군벌, 돤치루이의 안후이 군벌이 패권을 놓고 일대 결전을 벌이는 안즈전쟁*이 벌어지기 일보 직전이었기 때문이다.

독립군 따위에게 신경을 쓸 틈이 없다고.

국경을 넘어서 독립군을 토벌하려던 일본의 섣부른 시도가 봉오동 전투로 실패하고

다른 군벌들과의 전쟁을 눈앞에 둔 장쭤린의 방치가 이어지면서

일본은 대규모 병력으로 간도의 독립군과 그들을 후원하는 조선인들을 몰아낼 계획을 세운다.

직접 쓸어버리는 수밖에 없다.

* 안즈전쟁: 1920년 7월 14일~23일에 일어난 중국 군벌 간의 결전으로, 장쭤린의 펑텐 군벌이 지원한 즈리 군벌이 안후이 군벌을 상대로 승리를 거둔다.

제1기. 이 기간의 토벌 목표는 적의 무장단*을 찾아 궤멸시키는 데 있다.
초토 방침 – 본 토벌은 적을 철저하게 초토하기를 기대한다. 각 지대는 적을 찾아 반복 토벌을 실시하고 조밀하게 수색하여 적의 검거를 완수하고 그 기반을 없애기 위해 노력한다. …

제2기. 본 기간의 토벌 목표는 적 잔당으로서 부락에 잠복해 있는 자 혹은 산지에 숨어 있는 자를 찾아내 제거하는 데 있다.
초토 방침 – 각 지대는 가능한 신속하게 첨부한 지도에 지시하는 배치로 이동하여 부근의 부락 및 산지대를 조밀하게 수사하여 적의 잔당을 찾아내 그를 초토한다. …

…
1920년 8월 일본군의 작전방침
〈간도 지방 불령선인 초토계획〉 중에서

* 무장단: 전투에 필요한 장비를 갖춘 일정한 조직체.

# 2

## 간도를 토벌하라!

상하이 임시정부의 특파원들은 7월 20일 구룡평에서 북간도의 무장독립단체 대표들과 회담을 벌인다.

북로군정서, 대한독립군, 국민회, 의민단, 광복단, 신민단 동지 여러분, 와주셔서 감사합니다.

안정근
안중근의 동생
1885~1949

일본의 동태가 심상치 않습니다. 이에 맞서려면 임시정부의 깃발 아래 하나로 뭉쳐야 합니다.

북로군정서의 김좌진이올시다.

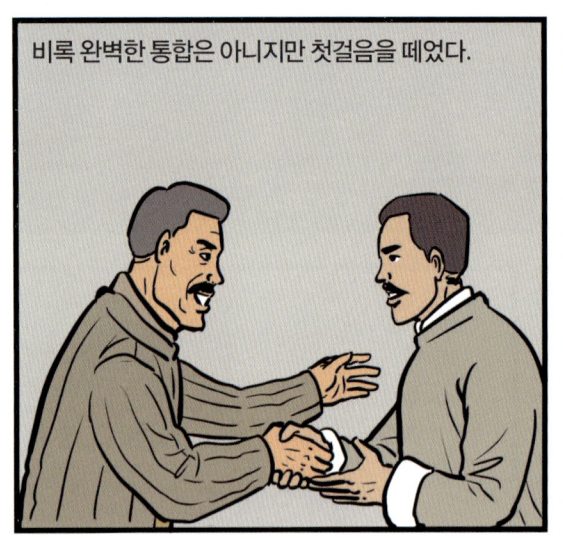

힘을 합쳐 일본군의 대공세에 맞설 준비를 하게 된 셈이다.

독립군이 통합을 준비하는 사이, 일본도 발 빠르게 움직였다.

안즈전쟁에서 승리한 장쭤린은 마음 놓고 일본과 협력해도 될 상황이었다.

이제 거리낄 게 별로 없지.

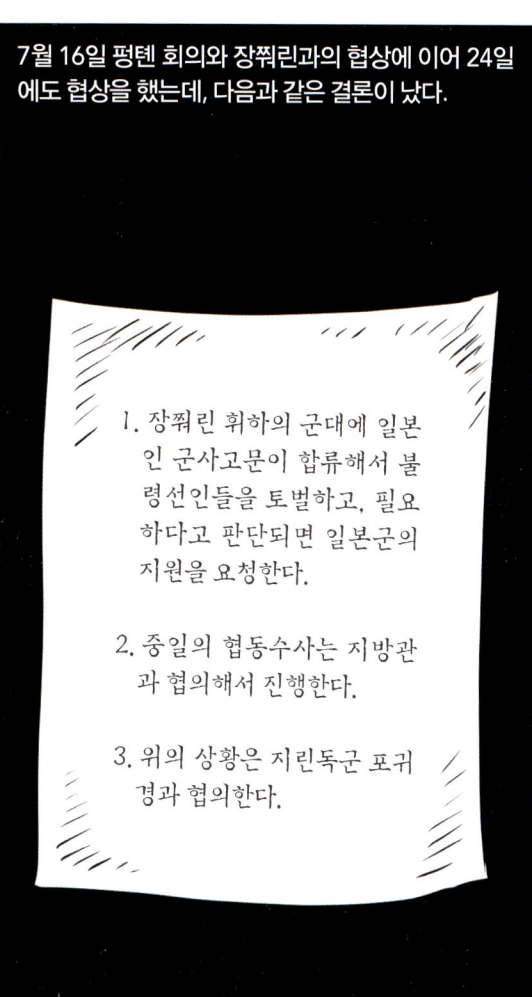

7월 16일 펑톈 회의와 장쭤린과의 협상에 이어 24일에도 협상을 했는데, 다음과 같은 결론이 났다.

1. 장쭤린 휘하의 군대에 일본인 군사고문이 합류해서 불령선인들을 토벌하고, 필요하다고 판단되면 일본군의 지원을 요청한다.

2. 중일의 협동수사는 지방관과 협의해서 진행한다.

3. 위의 상황은 지린독군 포귀경과 협의한다.

1920년 8월 15일, 경성에서 간도의 불령선인 토벌에 대한 회의가 다시 열린다.

내가 지린독군 고문으로 있으면 뭘 하나~ 협상하면 뭘 하나~ 움직일 생각을 안 하는데.

사이토 히토시 고문님.

* 일본군은 중국군의 역량을 깎아내려서 자신들이 직접 중국 영토에 진출해야 한다는 명분으로 삼았다. 40~41쪽의 중국군 묘사는 일본군이 대륙 침략을 정당화하는 논리를 보여주기 위한 것으로 실제보다 과장되었다.

 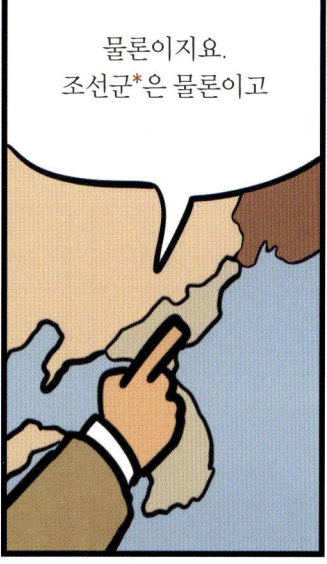 

* 조선군: 조선에 주둔하는 일본군.
* 포조파견군(浦朝派遣軍): 시베리아에 출병한 일본군.

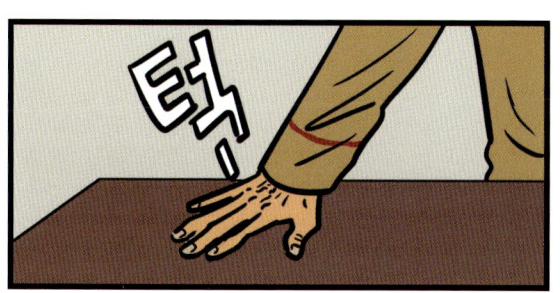

* 장쭤린이 지린성을 실질적으로 장악한 것은 1919년 지린성 독군 멍언위안을 쫓아낸 이후의 일이다. 이때까지도 장쭤린은 지린성을 완전히 통제하지 못했고, 지린성의 관리들은 변화된 질서 속에서 자신들의 지위와 이익을 지키는 데 혈안이 된 상황이었다.

1920년 9월 12일,
북간도로 출병하려는 일본에게는 참으로 다행스러운(?) 일이 벌어진다.

정체불명의 마적 떼가 훈춘을 공격한 것이다.
이를 훈춘 사건이라고 부른다.

이 사건으로 훈춘의 일본 영사관 분관이 불타고

일본 거류민*과 경찰들이 죽거나 납치를 당하는 일이 벌어진다.

10월 2일에는 마적들이 야포로 포격까지 하는 바람에 훈춘은 쑥대밭이 되었다.

* 거류민: 남의 나라 영토에 머물러 사는 사람.

그러니까 말이야. 불령선인들과 적군이 가세한 마적들로부터 우리 국민을 보호하기 위해서 반드시 군대를 출동시켜야 한다는 말씀!

안 그렇소?

그, 그렇긴 하지요.

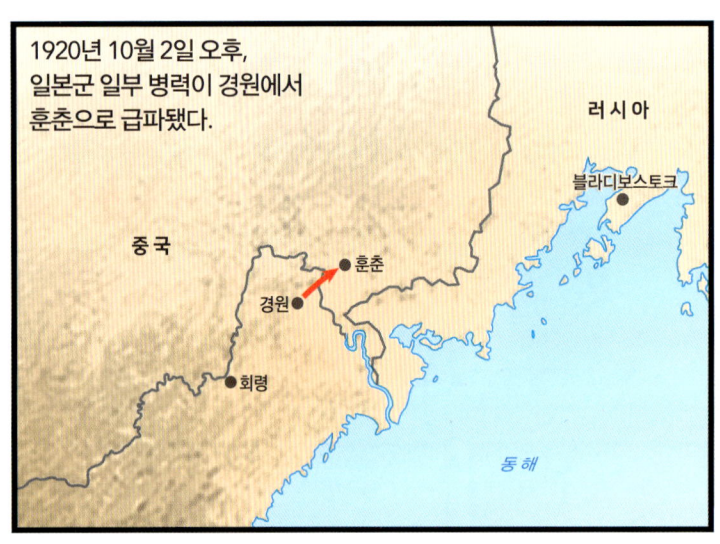

1920년 10월 2일 오후, 일본군 일부 병력이 경원에서 훈춘으로 급파됐다.

마적이 또 쳐들어온다길래. 아님 말고~

1920년 10월 7일, 일본 내각은 마침내 간도 출병을 승인한다.

간도의 불령선인들이 우리 국민들을 해치는 것을 더는 내버려 둘 수 없다.

일본군은 출병 준비에 속도를 붙인다.

마침내 승인이 떨어졌네.

토벌의 주력은 조선에 주둔하던 19사단이었고, 시베리아 파견 부대의 일부도 동원된다.

하이! 알겠습니다.

일본군 참모본부는 19사단의 보병 6개 대대와 기병 및 공병 부대, 산포*와 비행기를 동원해서 작전구역 내의 독립군을 토벌하라는 명령을 내렸다.

20사단에도 독립군을 토벌하라는 명령을 하달했다.

추가로 블라디보스토크 파견군과 북만주 파견대 일부를 동원하고

철수 중이던 28여단을 연해주의 포시예트만에 상륙시켜서 훈춘 방면으로 보내 무력 시위를 한다.

이렇게 포위망을 넓게 구축한 것은

독립군이 러시아나 중국 동북지역으로 탈출하는 것을 차단하기 위해서였다.

이 정도면 한 줌도 안 되는 불령선인 따위는 단숨에 박살나겠지.

* 산포: 산악 지대 작전에 편리하도록 제작한 화포. 이때 동원된 산포는 41식 산포다. 산포 1문당 13명이 조작했으며, 포 운반에는 6마리의 말과 포탄 운반용 말 1마리가 동원됐다. 다른 야포에 비해 가볍고, 분해해서 보병이 옮길 수도 있어 산악 작전에 적극적으로 활용됐다. 그러나 일본군이 산포 배치일정보다 먼저 토벌 작전에 돌입해서 정작 청산리 전투에서는 포병 부대가 산포를 쓰지 못했다.

그때 포수들이 어떻게 사냥했는지 아는가?

얘기만 들었습니다. 사냥꾼들이 몰아서 코앞에서 잡았다고 하던데요.

맞아. 그때는 화승총밖에 없었는데 멀리 나가지도 않고 명중률도 형편없었지.

그래서 범이 눈앞에 왔을 때 딱 한 발을 쏠 수 있었다네.

기회는 딱 한 번이네.

우리도 그런 기회를 노려야 한다는 뜻입니까?

독립전쟁은 범 사냥과 비할 바 없이 어렵고 위험하네.

나라를 되찾겠다는 정신 말고는 왜놈들보다 나은 게 하나도 없으니까.

물러나서 때를 기다려야 한다는 뜻입니까?

우린 살아남기만 하면 패배하지 않네.

놈들은 지금 남의 나라 땅에 들어왔어. 병력은 많은데 겨울이 오고 있지.

휘잉― 휘이이―

휘이잉―

휘이이이이이―

휘이이―

청산리 백운평에 도착한 것은 음력 9월 4일이다. … 9월 7일 우리 부대는 안도현으로 간다고 했다. 그런데 식량을 구하려고 밤중에 감자를 운반하기로 하고 결사대 육십여 명을 뽑아 감자 구덩이를 찾아 밭으로 갔다. 밤새도록 가져온 감자는 한 사람에게 20개씩 돌아갔다. 하루 한 끼 3개 이상 못 먹는다고 명령을 내렸다. … 우리 부대는 포위망을 벗어나서 천수평 쪽으로 빠져나갔다. 우리 중대는 9월 9일 천수평에 도착해 적군과 싸웠다.

…
청산리 전투 참전 독립군 병사 이우석의 회고록
《이우석 수기》 중에서

# 3

## 10 대 1

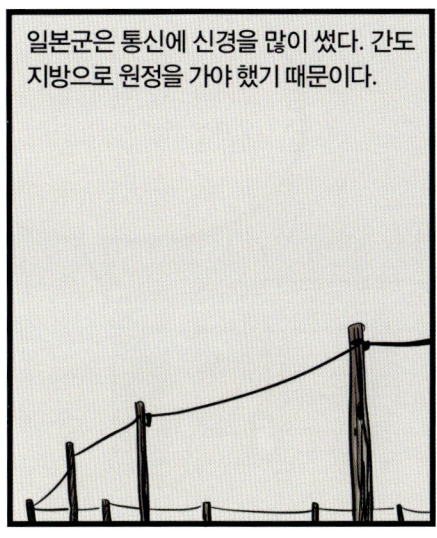
일본군은 통신에 신경을 많이 썼다. 간도 지방으로 원정을 가야 했기 때문이다.

우선 함경북도 경원과 훈춘 사이에 군용 전신선을 설치했다.

룽징을 중심으로도 전신선을 깔았다.

잘 들리나?

경원과 훈춘 사이에는 군용 전화도 별도로 설치했다.

예! 각하! 잘 들립니다.

해당 작업에는 조선총독부의 체신국과 공병대가 함께 동원되었다.

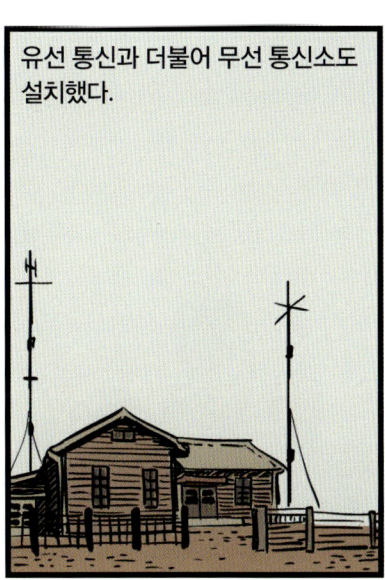
유선 통신과 더불어 무선 통신소도 설치했다.

경성과의 통신도 연결하는 등 몇 겹으로 통신선을 갖췄다.

유무선 통신은 완비했다. 그래도 뭔가 불안해.

둘 다 끊기면 어떡하지?

비둘기를 이용한 통신도 시도했다.

이렇게까지 했는데 작전 부대와 연락이 끊길 일은 없겠지.

* 병참: 군사 작전에 필요한 인원과 물자를 관리, 보급, 지원하는 일.

독립군 부대들은 일본군의 포위망이 사전에 입수한 정보보다 광범위하다는 것을 청산리 전투를 거치며 비로소 파악한 것 같다. 때문에 청산리 전투 이후에도 곳곳에서 교전을 벌이며 끈질기게 탈출로를 모색하게 된다.

이렇게 넓게 에워싼 줄은 꿈에도 모를 것이다.

가장 규모가 작았던 기무라 지대는 왕칭현 일대의 독립군 토벌을 맡았다.

우리는 북쪽으로 가서 토벌을 수행한다.

온성에서 출발한 기무라 지대는 북로군정서가 주둔했던 서대파 일대의 독립군 기지를 쑥대밭으로 만들었다.

맹부덕의 중국군이 파괴하고 그나마 남아있던 기지를 다시 파괴한 것이다.

하나도 남김없이 허물어라!

토벌 작전에 동원된 일본군 부대 중 독립군 주력부대와 주로 교전한 것은 히가시 지대였다.

야마다 부대는 좌종대와 우종대 2개 부대로 나눠 10월 18일부로 룽징에서 출진한다.

야마다 부대 우종대는 북쪽에서 청산리로 접근했고 좌종대는 10월 20일에 청산리에 도착한다.

청산리를 양방향에서 공격한다는 계획이지.

가노 대좌가 이끄는 27기병연대는 멀리 북쪽으로 우회한다.

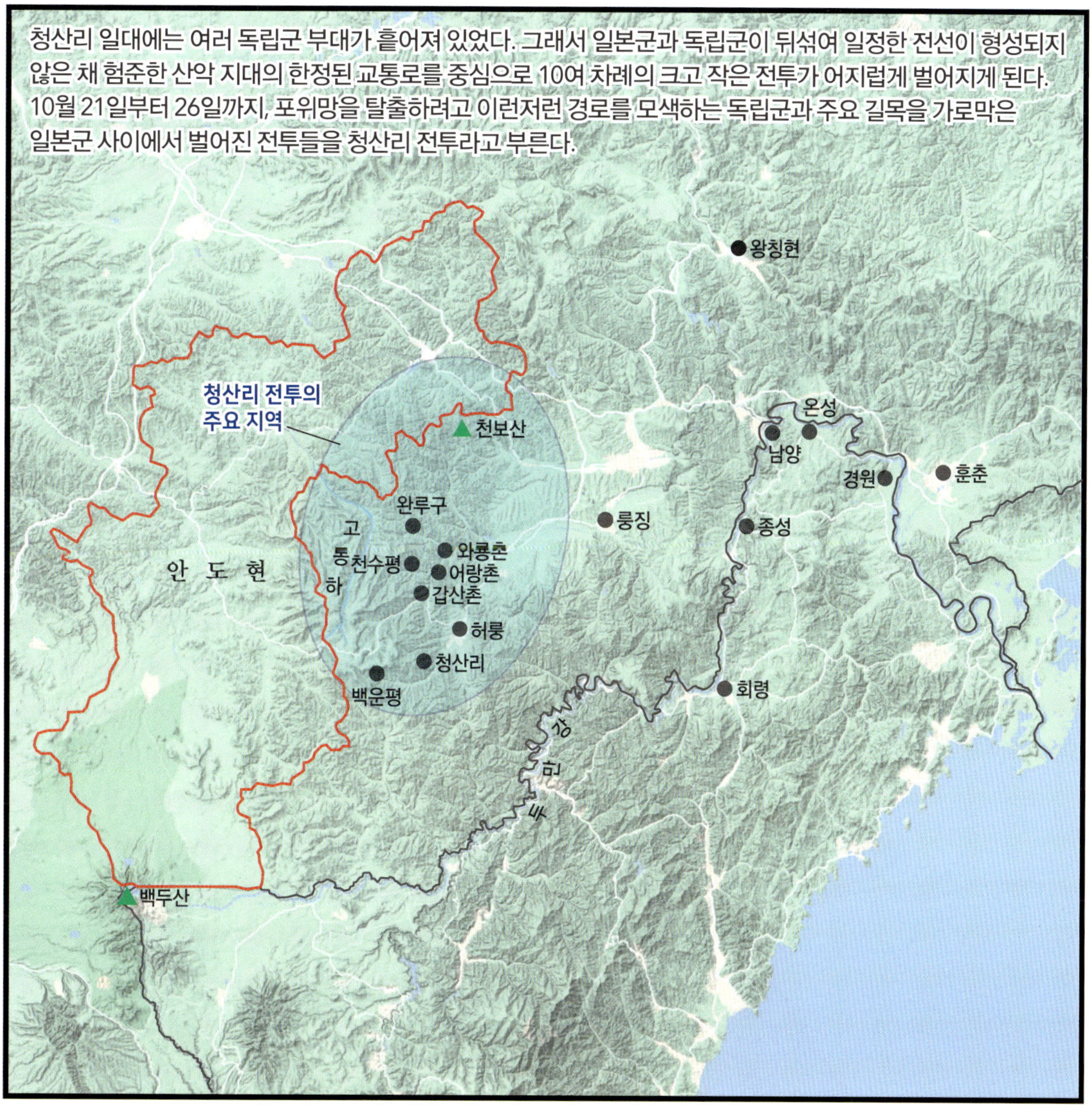

청산리 일대에는 여러 독립군 부대가 흩어져 있었다. 그래서 일본군과 독립군이 뒤섞여 일정한 전선이 형성되지 않은 채 험준한 산악 지대의 한정된 교통로를 중심으로 10여 차례의 크고 작은 전투가 어지럽게 벌어지게 된다. 10월 21일부터 26일까지, 포위망을 탈출하려고 이런저런 경로를 모색하는 독립군과 주요 길목을 가로막은 일본군 사이에서 벌어진 전투들을 청산리 전투라고 부른다.

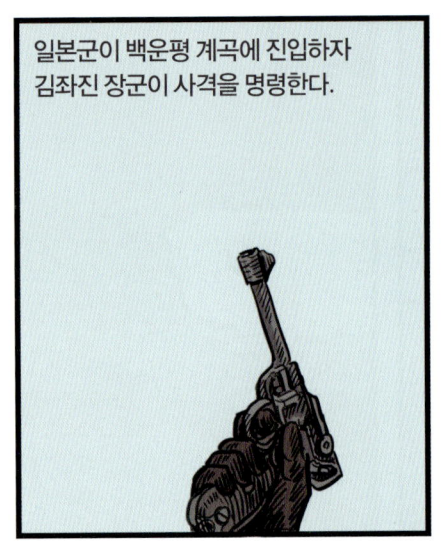

하지만 독립군이 매복한 장소는 접근하기 어려운 곳이었다.

미끌-

으앗!

독립군은 본대가 합세한 일본군의 공격을 막아낸다.

지형이 험준해 봉오동처럼 우회할 곳도 없군.

* 철기 : 이범석(1900~1972)의 호로 해방 후 초대 국무총리, 국방부 장관 등을 역임했다.

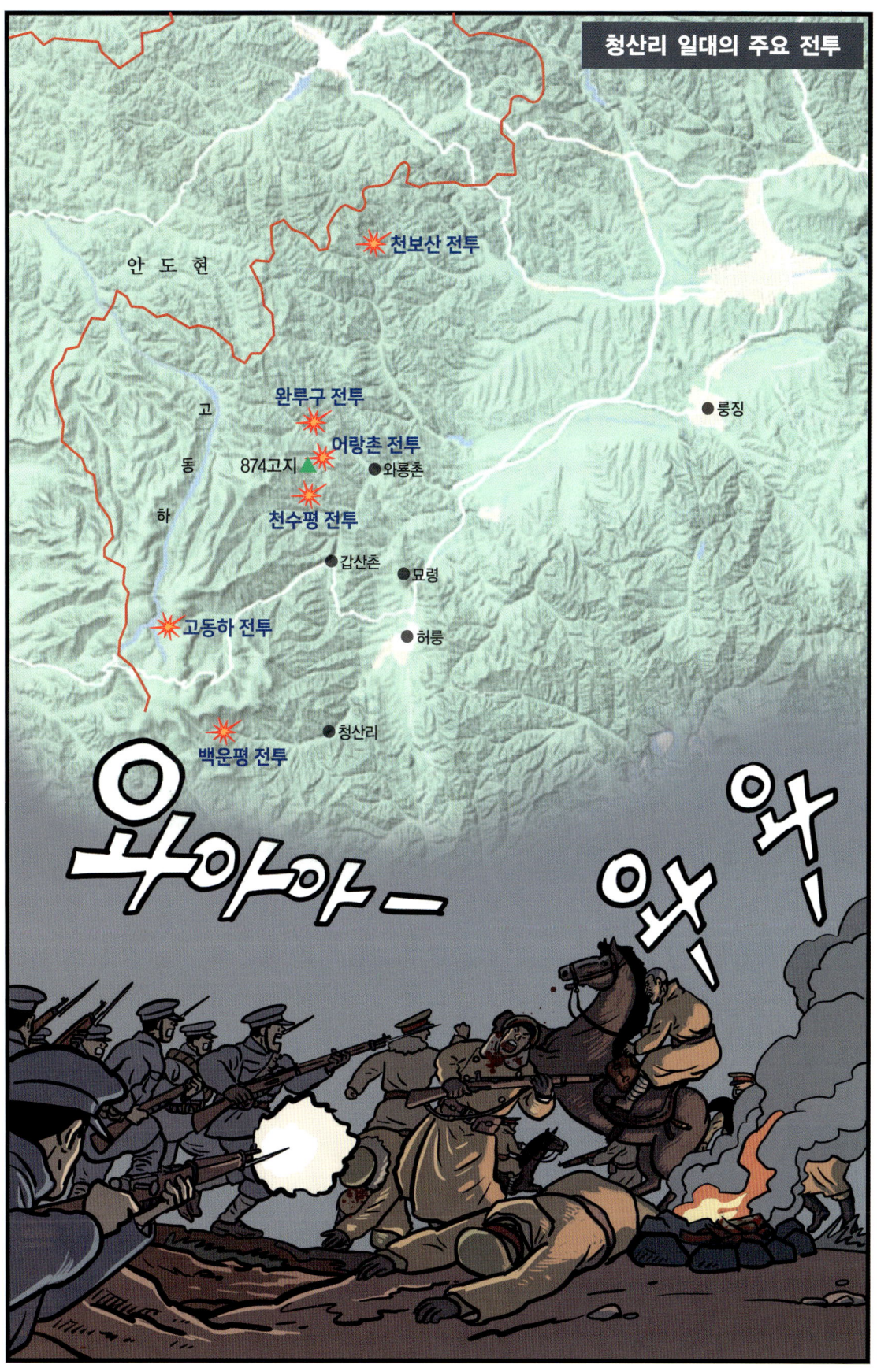

결국 일본군 기병 부대는 전멸하고 만다. 살아남은 사람은 말을 타고 도망친 4명뿐이었다.

빠져나온 건 우리밖에 없나?

북로군정서의 두 번째 전투인 천수평 전투도 승리로 끝났다.

물론 일본 측 기록은 다르다.

우리는 패배한 적 없다고.

22일 새벽에 전투가 벌어진 것은 사실이지만 천수평 마을이 아니라 초소가 공격받았다는 것이다.

초소가 공격을 받자 기병 부대는 즉각 반격에 나섰고, 근처에서 대기하고 있던 히가시 지대의 예비대*도 반격에 동참했다.

* 예비대: 군사 작전을 전개할 때, 작전에 투입된 병력을 지원하거나 예상치 못한 상황에 대응하거나 결정적인 순간에 투입하기 위해 전선의 후방이나 본대에 대기시켜둔 부대.

* 숙영: 군대가 훈련이나 전쟁을 수행하기 위하여 병영 밖에서 머물러 지내는 일.

북로군정서가 정규군 못지않은 훈련을 받고 무장을 갖춘 것은 대종교가 주축이 된 중광단의 후원 덕분이었다.

서일
중광단 총재
1881~1921

1881년 함경북도 경원에서 태어난 서일은 어린 시절 유학을 배우고 소학교 교사가 된다.

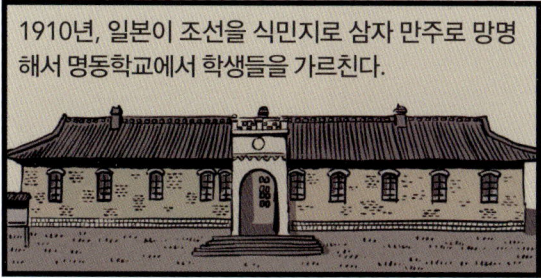

1910년, 일본이 조선을 식민지로 삼자 만주로 망명해서 명동학교에서 학생들을 가르친다.

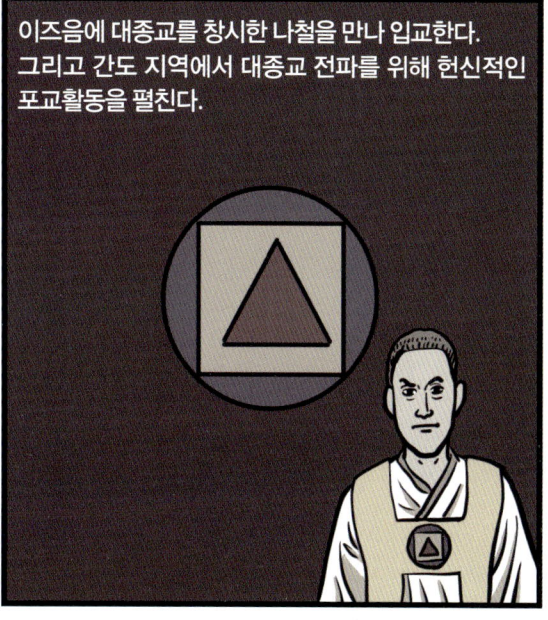

이즈음에 대종교를 창시한 나철을 만나 입교한다. 그리고 간도 지역에서 대종교 전파를 위해 헌신적인 포교활동을 펼친다.

아울러 중광단을 세워서 본격적인 무장독립투쟁을 준비한다.

일제와의 항쟁은 피의 투쟁밖에 없다.

1919년에는 중광단을 확대 개편해 대한정의단을 세운다. 규약을 정하고 무기와 병사를 모은다.

일본과 싸우고자 하는 조선 청년들은 모두 모이시오!

서대파와 십리평에 주둔하면서 이범석을 연성대장으로 삼고 사관학교를 운영해 독립군의 주축들을 길러냈다.

북로군정서 소속 독립군 상당수는 대종교인이었기 때문에 종교적 통합을 앞세워서 단결력도 강한 편이었다.

체코군단이 사용하던 소총을 입수하면서 무장도 일본군에 비해 뒤떨어지지 않았다.

따라서 일본은 간도의 독립군 동태를 파악할 때 홍범도 부대와 더불어 북로군정서를 주시했다.

1920년 7월 시점에 북로군정서의 총 병력은 약 600명 정도로군.

무장은 소총 600정, 권총 200정, 탄약은 소총 한 정당 약 300발 정도. 기관총도 3정이 있고, 수류탄은 약 60발 보유.

그 외에 사관학교 생도들이 약 300에서 350명 정도라.

만만치 않겠는데?

하지만 일본군은 간도 불령선인 초토계획을 세우면서 독립군의 강력한 저항을 계산에 넣지 않았다.

괜한 걱정을! 포위망을 구축하고 토벌하면 그냥 도망이나 치겠지.

백운평과 천수평 전투는 일본군의 계산이 잘못됐음을 보여주었다.

아얏!

우리는 또한 증명할 것이다.

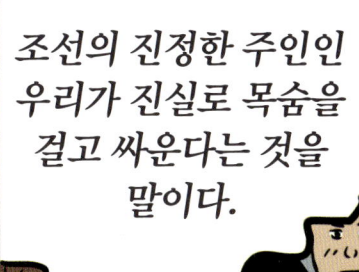
조선의 진정한 주인인 우리가 진실로 목숨을 걸고 싸운다는 것을 말이다.

그리고 우리는 증명할 것이다.

일본군이 아무리 많고 기관총과 대포가 있다 해도 결코 우리의 용기에 적수가 될 수 없다는 사실을 말이다.

왜놈들에게 보여주자!

우리가 만주의 호랑이라는 사실을 말이다!!!

와아아아- 와- 아아!

북로군정서가 청산리에 있다 하니까 연합하여 고려(조선)로 나갈까 하고 찾아가는 길에 어구의 큰길에 나가 서자마자 보초병이 뒤물러 서면서 일본군 수천 명이 바로 지금 도착하였다 한즉 할 수 없이 고려에 가서 쓰자고 하던 기관총을 걸고 일본군 대부대에다 내두르니 쓰러진 것이 부지기수로 자빠지는 것을 보고 …

…
홍범도 장군의 자서전 《홍범도 일지》 중에서

# 4

## 호랑이와 사냥꾼

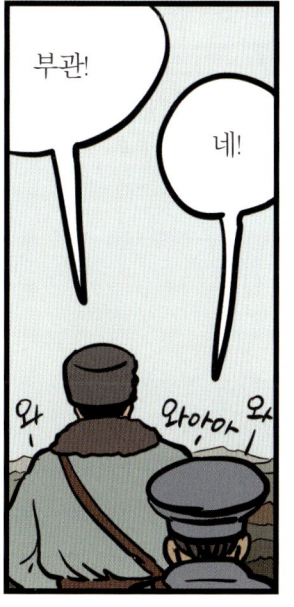

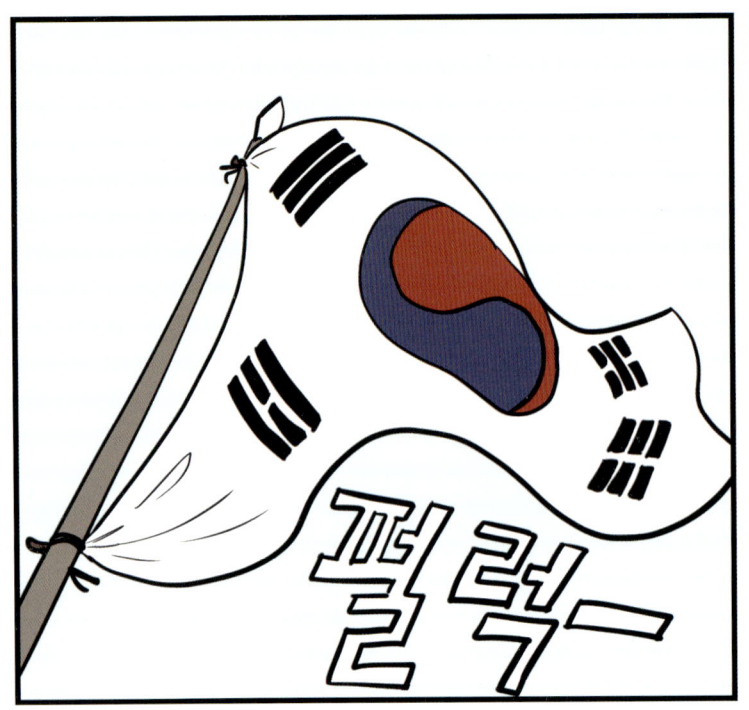

한편, 증원부대가 도착한 일본군이 공세에 나서지만 북로군정서는 끝까지 버틴다.

화력은 우리가 위다.

야포로 포격하라!

일본군의 우회공격은 미리 자리 잡고 있던 홍범도 부대에 의해 저지되었다.

불령선인 따위가…

홍범도 부대가 가세하면서 어랑촌 전투는 더욱 가열된다.

22일 오후 7시 무렵, 북로군정서와 홍범도 부대가 후퇴한다. 이때 독립군은 소규모로 흩어져 이리저리 이동한 것으로 추정된다.

874고지에서 독립군이 물러나면서 어랑촌 전투는 막을 내린다.

우리 측 기록에는 어랑촌 전투의 일본군 사상자가 수백 명에서 1,600명에 달한다고 전한다.

우리 북로군정서가 셈하기로는 1,600명을 살상했소.

연성대를 이끈 이범석은 1,000명을 사살했다고 회고록에 남겼다.

정말 치열한 전투였지요.

중국 측은 일본군 사상자를 1,300명 규모로 파악했다.

제3자인 우리가 제일 정확하지 않겠어요?

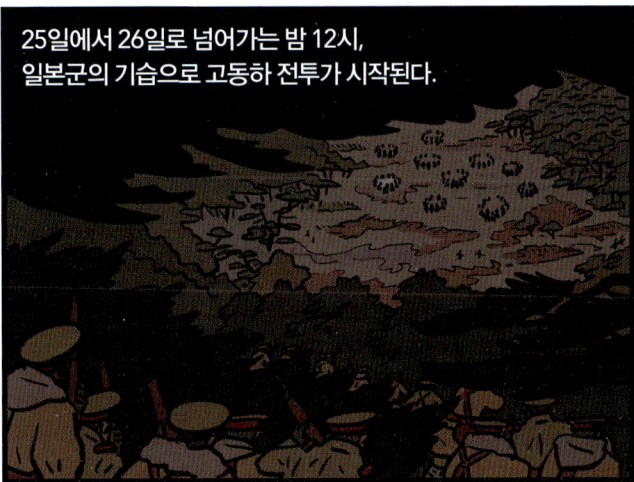

일본군은 청산리 전투에서 처음으로 야습의 이점을 가지고 공세를 벌였다.

우리가 모든 면에서 강력한 데다 밤에 습격 했으니 가볍게 이기겠지.

하지만 일사불란하게 흩어진 독립군은 나무와 바위 뒤에 숨어 강력하게 저항한다.

적과 아군의 구분이 어렵구만.

전장이 너무 혼란스럽다.

우리 측은 고동하 전투 때 일본군이 100여 명의 사상자를 냈다고 본다.

반면, 일본 측은 자신들의 피해는 전혀 없고 독립군이 30명 정도 죽거나 다쳤으며, 독립군의 소총과 탄약을 노획했다고 주장한다.

우리가 졌다고 볼 수가 없지.

하지만 피해가 없었다는 주장을 그대로 믿기에는 미심쩍은 구석이 많다.

뭐, 뭐가 미심쩍다는 말이오?

우선 선제적으로 기습공격을 감행하고 전과를 올렸음에도 불구하고 근처의 고지로 먼저 퇴각했다는 점이 이상하다.

우리가 이겼지만 물러난다.

우리가 이겼다는 거야? 졌다는 거야?

기습해서 독립군 30명을 살상했다면서 먼저 물러나서 수비로 전환한 것이다.

피해가 발생하지 않았는데 그런 조치를 취했다는 것은 믿기 어렵다.

우릴 의심하지 말라고.

더 이상한 점은 전투 이후 일본군이 포로를 심문하면서 독립군 규모를 300명으로 파악했다는 것이다.

홍범도와 김좌진 부대 다 합쳐서 300명 정도 된다는군.

일본 측 주장대로 독립군 30명을 살상했다면 전체 병력의 약 10분의 1이나 소모시킨 셈이다.

그게 사실이면 더 밀어붙였어야지.

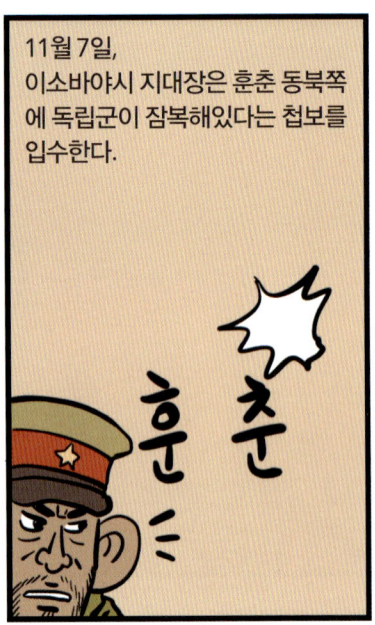

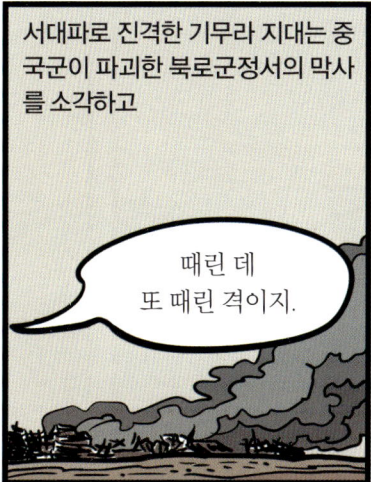

* 의군단: 홍범도 등이 주축이 되어 만들어진 1920년대 만주의 독립운동단체.

* 미리견: 미국.
* 신민회: 안창호 등의 주도로 국권회복을 위해 1907년 경성에서 결성된 전국적 규모의 비밀결사.

군정서와 관계있는 유력한 첩자의 보고 요지는 다음과 같다.

김좌진의 부대는 11월 7일경 황구령 부근을 출발하여 오도양차에서 천보산 서쪽 산맥을 거쳐 … 무사히 통과했다는 연락 통신이 있었다. 이 통신은 11월 15일 동 경찰서 모연대장 김현묵이 가져온 것으로 … 군정서 중대장 오상세가 이끄는 중대는 약 80명이지만, 주력(김좌진 부대)의 출발 후 대원은 전부 무장을 해제하고 청산리 방면으로 나가 삼삼오오 해산하였다.

…
1920년 11월 22일
간도 일본 총영사관 첩보
〈김좌진 및 홍범도의 무력 부대의 행동에 관한 건〉 중에서

# 5
## 머나먼 길

독립군은 미산으로 오기 위해 다양한 방법을 사용했다.

일본군의 추격을 피하기 위해 소부대로 나눠서 이동하거나 민간인 복장으로 갈아입고 이동했다.

결국 독립군 주력부대는 일본군의 포위망을 탈출하는 데 성공한다.

일본이라는 사냥꾼이 독립군이라는 호랑이를 잡는 데 끝내 실패한 것이다.

그렇다면 일본군은 왜 대규모 병력에 비행기까지 동원하고도 독립군을 토벌하지 못했을까?

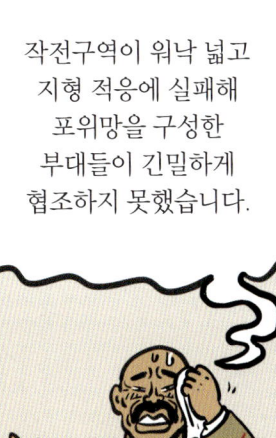

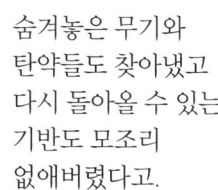

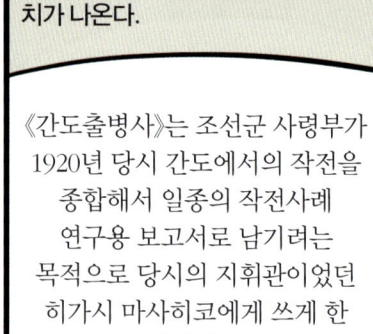

히가시 지대를 제외하면 이소바야시 지대가 김운서의 모험대와 전투를 벌이다가 전사자 1명, 사상자 2명이 발생했다.

사상자라는 표현이 애매하지요?

우리 이소바야시 지대에 배속된 75연대에서 2명, 78연대에서 1명이 전사했습니다.

실제로는 총 3명이 전사한 셈이지요.

기무라 지대는 서대파 주변에서 벌어진 교전에서 1명이 전사하고 2명이 부상당했다.

다 합치면 총 11명이 전사한 셈입니다.

유행성 감염병으로 사망한 1명을 포함하면 모두 12명이 사망했고요.

그 밖에 가장 많은 전사자가 발생한 건 의외로 북쪽에서 수색을 한 안자이 지대입니다.

**귀순 신청은 다음의 각 항을 갖춘 자가 아니면 받아들이지 않는다.**

1. 불령행위(반일행위)를 한 자일 것.
2. 성심껏 죄를 뉘우치는 자일 것.
3. 범죄 사실을 진실로 숨김없이 자백하는 자일 것.
4. 자수와 함께 증거 사실을 가진 자일 것.
5. 장래에 결코 불령행위를 저지르지 않을 의지를 가진 자일 것.

...
1920년 11월
〈히가시 지대 귀순자 취급 세칙〉 중에서

# 6

## 학살과 귀순, 간도참변

예까지 왔는데 정신 똑바로 차려야지.

시베리아와 만주 지역을 확보하려는 일본에게 간도, 특히 북간도 지역의 독립군은 눈엣가시 같은 존재였다.

나라가 망했으면 포기해야지. 조선 놈들은 포기라는 걸 몰라.

게다가 1920년에 접어들면서 독립군이 두만강을 건너서 조선을 공격하는 일이 크게 늘었다.

이러다가 조선까지 위험해지겠군.

독립군이 활동하는 데 간도 지역 조선인들의 도움은 절대적이었다.

조국의 독립에 써주시오.

고맙소.

독립군은 조선인들이 건넨 군자금으로 체코군단이 사용하던 소총과 탄약을 구입할 수 있었다.

이거라면 왜놈들에게 밀리지 않겠군.

따라서 일본은 간도 지역의 독립군과 그들을 후원하는 조선인들을 제거해서 조선의 통치를 안정시키고 만주와 시베리아 진출의 걸림돌을 제거하려고 했다.

일본군은 간도로 출병하기 이전에 이미 독립군뿐만 아니라 조선인들까지 탄압해서 독립운동의 뿌리를 뽑아버리겠다는 계획을 세웠다.

모든 것을 계획대로 진행하라!

훈춘 사건을 핑계로 북간도로 출병한 일본군은 독립군은 물론, 거주하는 조선인들까지 조직적이고 집단적으로 학살했다.

10월 29일, 룽징촌 근처 마을에서 일본군에 끌려갔다가 시신으로 발견된 성서 판매원 이근식의 사례는 그중 하나일 뿐이다.

1920년 10월 출병 직후부터 실시한 학살은 12월 철군 직전까지 계속됐다.

조금이라도 수상한 자들은 모조리 죽이도록 하라.

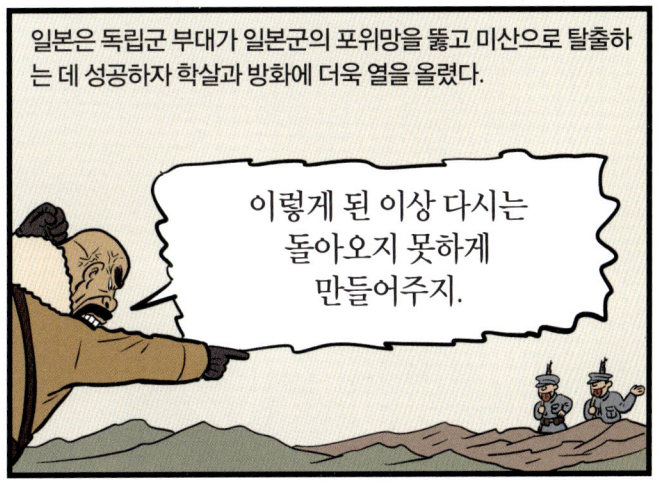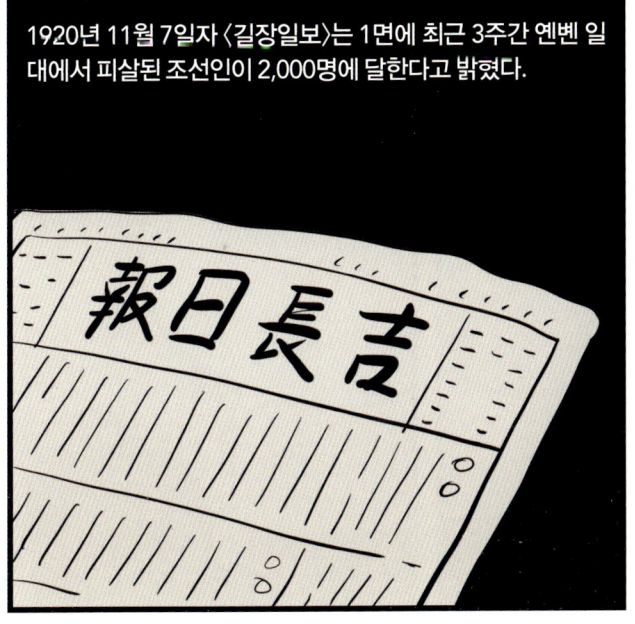

* 화민(華民): 중국 국적을 가진 조선인.
* 간민(墾民): 조선에서 이주한 조선인.

추송* 장덕준 형을 그리워하노라.

추송 형, 추송 형, 살아계십니까? 살아계십니까? 아아, 어디로 가고 어디서 머물렀건대 생시*에 보지 못하며 또 어찌 꿈속에서 만나지 못하는고. … 추송 장덕준 형은 본사의 특파원으로 작년 10월경에 간도 방면의 험악한 형세를 조사키 위하여 출장하였다가 행방이 불명하여 탐지할 방도가 두절되다.

…
1921년 2월 22일자 〈동아일보〉 1면
취재 도중 실종된 장덕준 기자를 추모하는 논설 중에서

* 추송(秋松): 장덕준의 호.
* 생시(生時): 자지 않고 깨어 있을 때.

# 7

## 푸트와 마틴, 그리고 장덕준

* 와타나베 헌병대위와 푸트 선교사의 대화는 《간도출병사》의 부록 제12와 제13, 제14의 내용을 모아 이야기로 꾸민 것이다.

특히 지난해 3월, 조선에서 대규모 폭동*이 일어나자 간도에 있는 불령선인들의 활동도 대폭 늘어났죠.

발포한 건 중국 군경이니까 우리에게 따지실 필요는 없습니다.

이곳 룽징에서도 3월 13일, 대규모 폭동이 일어나서 사상자가 발생했고 말입니다.

비무장 시위대에 총을 쏜 거요?

어쨌든 간도에는 불령선인들이 넘쳐나고 있습니다.

조선으로 쳐들어가서 우리들을 몰아내겠다고 하는데

어리석은 조선인들은 거기에 정신을 빼앗겨 돈을 내고 적극적으로 참여하기도 합니다.

안 좋은 징조들이 많았습니다.

설사 그렇다고 해도 무참하게 죽일 필요까지는 없었소이다.

특히 장암동 같은 경우 지속적으로 불령선인들과 결탁하고 불령스러운 행동을 서슴지 않았습니다.

그래서 해당 지역의 우리 주민들이 극심한 공포를 느꼈고 시장도 제대로 열리지 않았지요.

불령선인들은 한술 더 떠서 장암동을 근거지로 삼아서 룽징으로 쳐들어가 일본인들을 모조리 죽이겠다고 떠들고 다녔답니다.

명백한 거짓말이오.

* 1919년 3·1 만세운동을 말하고 있다.

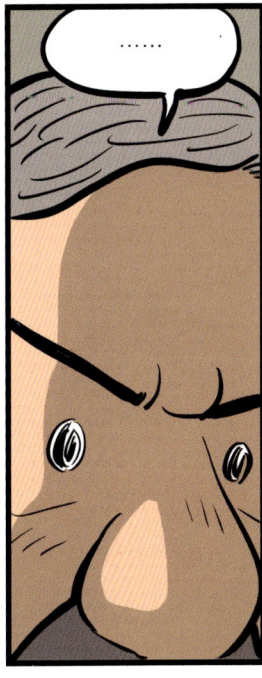

* 진주: 군대가 쳐들어가거나 파견되어 가서 주둔함.

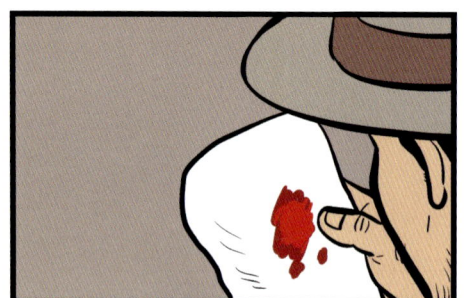

하지만 일본은 신문을 철저히 검열하며 사소한 트집을 잡아서 신문 발행을 중지하는 정간 조치와 몰수 조치를 거듭했다.

허용은 했지만 토씨 하나라도 우리 일본을 비난하거나 독립운동을 옹호하는 내용이 있으면 안 돼.

장덕준은 〈동아일보〉를 창립하는 데 앞장선 사람이었다. 1920년 4월 1일 창간한 〈동아일보〉에서 조사반장과 통신반장을 겸했으며 논설반원으로도 활동했다.

특히 창간 다음날인 4월 2일자부터 추송이라는 필명으로 3·1 만세운동을 왜곡하고 깎아내리는 일본 언론을 비판하는 사설을 실었다.

3·1 만세운동이 한낱 소요에 불과하다니 그냥 있을 수 없다.

1920년 여름에는 아시아를 돌아가며 방문하는 미국 의원단 취재를 위해 중국으로 건너가기도 했다.

이때 상하이 임시정부에서도 안창호를 중심으로 미국 의원들과 접촉했다.

장덕준은 미국 의원단을 취재하는 과정에서 임시정부 요인들과 함께하면서 독립운동을 지원했다.

미국 의원단이 조선에 입국하자 조선의 많은 독립운동가들은 독립 의지를 보여주기 위해 경찰서와 호텔에 폭탄을 던졌고 상인들은 상점을 닫았다. 군중들도 군데군데 모여서 만세 시위를 벌였다.

일제의 조선 지배가 부당함을 해외에 알릴 절호의 기회다.

* 3종의 신기: 태양신 아마테라스에게 하사받아 현재까지 일본 천황이 계승한다는 세 가지 물건으로, 구사나기의 검, 야타의 거울, 야사카니의 굽은 구슬을 말한다.

1920년 11월 1일, 회령을 거쳐 룽징에 도착한 장덕준 기자는 조선인이 운영하는 여관에 짐을 풀고 본사에 전보를 보냈다.

드디어 도착했군.

장덕준 기자는 취재를 통해 일본군이 간도에서 참혹한 학살과 방화를 저지르고 있다는 사실을 깨닫는다.

빨간 핏덩이만 가지고 나의 동포를 해하는 자가 누구이냐고 쫓아와보니 우리가 상상하던 바와 조금도 틀리지 않는다.

살풍경이 일어나 공포의 기운이 가득한 간도 일대에는 죄가 있고 없고 간에 남녀노소가 살육의 난을 당하고 있다.
- 장덕준 기자가 〈동아일보〉에 보낸 내용의 일부

밖에 누구 없나?

부르셨습니까?

알겠습니다.

..................
..................

어디서 처리할까요?

국자가쯤이 적당하겠지.

하이!

함경북도 나남의 헌병대장 스즈키 다케오미는 장덕준의 실종에 대해 이렇게 보고했다.

그 후 장덕준의 행방에 대해서 상세하게 조사를 했는데 8일 밤, 국자가 우시장 근처 여인숙인 관동여관에 머물렀다가 다음날 아침 일찍 장덕준으로 추정되는 조선인이 혼자 나갔는데 그인지는 확신할 수 없다.

일본 측은 장덕준 기자가 머물던 여관에서 혼자서 나간 후에 실종되었다고 주장한다.

난 아무것도 모른다고.

하지만 장덕준 기자를 감시하던 일본 측이 그의 행방을 확인할 수 없다고 하는 것은 대단히 의심스럽다.

〈독립신문〉과 〈동아일보〉는 장덕준 기자의 실종을 일본 측이 저지른 짓으로 보고 있다.

밤중이 되어 일본군이 와서 말하기를 상관이 부르니 같이 가자고 하기에 장덕준은 의심이 들어 밤중이니 가지 않겠다고 하였으나 일본군은 말까지 가지고 다시 와서 가자고 강요하여 하는 수 없이 따라간 것인데 그 후로는 종적을 알 수 없게 되었다. 일본군은 장덕준을 미워하고 기피하여 그날 밤 밖으로 유인하여 암살한 것이 틀림없다. - 1921년 10월 28일 〈독립신문〉 기사 중

간도 지역 조선인들을 탄압한 일본군은 다음 해 4월 15일 룽징촌과 훈춘을 시작으로 남아있는 부대를 철수시켰고, 5월 9일에는 철수를 완료한다.

하지만 미산으로 안전하게 탈출한 독립군은 다음 전쟁을 준비한다.
봉오동, 청산리 전투를 치르며 힘을 합쳐
함께 싸우는 경험을 쌓은 독립군.
더욱 강력한 저항 의지를 불태우지만
분열과 불운의 싹도 어느새 자라나고 있었다.

# 기억해야 할 인물들

## 나 철
1863~1916

> 관료 출신의 항일운동가,
> 민족 고유의 종교인 대종교를 창시해
> 독립운동의 정신적 지주가 되다

나철은 대한제국의 관료였으나 1905년에 일본이 조선 침략의 속내를 드러내자 항일운동에 나섰다. 이완용 등 을사오적을 제거하고자 무기를 구입하고 동지를 모으기도 했다. 1907년, 을사오적 암살에 실패하고 체포됐지만 고종이 사면해 몇 개월 만에 풀려났다.

이후 1909년에 단군을 모시는 단군교를 창시했다. 관료 출신인 나철이 종교를 만든 것은 일본의 감시를 피하기 위해서였다. 1910년에는 대종교로 이름을 바꿨고, 조선이 식민지가 된 뒤 근거지를 간도로 옮겼다. 그 후 서일의 열정적인 활동으로 간도 지역의 신도가 크게 늘었다. 박은식, 김규식 등 이름 높은 독립운동가들도 대종교 신자가 되었다.

그러나 그는 1916년 황해도 구월산의 삼성사에서 자결했다. 사망 전날, 금식 기도를 올리니 문을 열지 말라고 한 것이 그의 마지막이었다. 자결한 이유는 조선 총독부의 대종교 탄압에 항의하기 위해서라고 한다. 대종교는 그의 정신을 이어 독립운동에 앞장섰다.

## 박은식
1859~1925

> 대한민국 임시정부의 제2대 대통령,
> 나라가 망해도 국혼을 유지하면 부활할 수 있다는 신념을 담아
> 조선 민족을 위한 역사책을 쓰다

박은식은 왕성한 저술로 애국계몽운동의 확산에 크게 기여했다. 1910년 한일합방 이후 일본이 그의 모든 저서를 금지할 정도였다. 그는 여느 양반처럼 성리학을 공부하며 청년기를 보냈지만, 불교와 기독교, 정약용의 학문에도 관심을 가졌다. 그리고 1898년에는 유학자였던 그의 인생이 전환점을 맞이한다. 자주독립과 내정개혁을 요구하던 독립협회에 큰 영향을 받아 개화사상가로 거듭난 것이다.

이후 그는 〈황성신문〉, 〈대한매일신보〉 등 조선인을 위한 신문 발간과 교육, 저술 활동에 나섰다. 1910년 한일병합 이후, 그는 나라가 망해도 국혼이 소멸하지 않으면 부활할 수 있으며, 국혼을 유지하려면 조선 민족의 역사서가 필요하다고 생각했다. 그래서 《한국통사》, 《한국독립운동지혈사》 등을 써서 일제 침략과 독립운동의 역사를 기록하고, 《안중근전》, 《이순신전》 등의 위인전을 집필해 민족의식을 심고자 했다.

1919년에는 대한민국 임시정부를 만드는 데 참여했다. 그는 초대 대통령인 이승만이 탄핵당하자 제2대 대통령으로 취임해 임시정부의 갈등을 수습하고자 애썼다. 그러나 이미 나이가 많았던 그에겐 반년의 임기도 힘겨웠고 병이 들고 말았다. 수습하지 못한 분열이 마음에 걸린 것일까. 그는 독립을 위해 반드시 단결하라는 말을 남기고 눈을 감았다.

# 서 일
1881~1921

> 북로군정서와 대종교의 지도자,
> 독립군이 성장할 수 있는 토양을 가꿔
> 청산리의 승리를 일구다

서일이 세상을 떠나자 일본 정부는 그의 갑작스러운 죽음이 자살인지 타살인지 촉각을 곤두세웠다. 그가 일본 정부를 끈질기게 괴롭혔기 때문이다. 그가 없었다면 청산리의 주역 북로군정서도, 청산리 전투의 승리도 없었을지 모른다.

그는 1910년에 국권을 빼앗기자 간도로 망명했고, 이듬해에 두만강을 건너오는 의병들을 모아 중광단을 만들었다. 1912년에 대종교 신자가 된 그는 열정적인 포교 활동과 교리 연구로 이름을 떨쳤다. 대종교가 정착하는 데 큰 공을 세워 창시자 나철의 후계자로 꼽혔다. 독립운동에도 열심이었다. 그는 1919년에 대한군정부를 만들었지만, 상하이에 대한민국 임시정부가 세워졌다는 소식을 듣자 '하나의 민족에게 두 개의 정부는 있을 수 없다'면서 대한군정부를 북로군정서로 바꾸고 총재를 맡았다.

북로군정서는 대종교 신도와 한인의 지원금으로 정보망을 갖추고 무기를 사들이며 독립군을 길렀다. 각지에 강습소와 학교를 만들어 교육 사업도 계속했다. 서일이 공들여 키운 북로군정서 병력은 총사령관 김좌진의 지휘하에 청산리에서 일본군을 무찔렀다. 이후 독립군과 함께 미산으로 이동해 그곳에서 독립군을 모아 대한독립군단을 세우고 총재가 되었지만, 1921년의 자유시 참변으로 독립군이 무너지자 그해 8월 목숨을 끊었다.

# 안 정 근
1885~1949

> 안중근의 동생,
> 불세출의 영웅인 형 못지않게
> 독립운동에 한평생을 바치다

안정근은 안중근의 동생답게 살았다. 이토 히로부미를 저격한 형처럼 그도 독립운동에 생애를 바쳤다. 그는 1918년에 중국의 지린 지역에서 조국의 자주독립을 선포하는 〈무오독립선언서〉에 서명하며 독립운동에 뛰어들었다. 그해 상하이에서 여운형을 만나 신한청년당을 만들고 김구와 함께 이사를 맡았다.

안정근은 대한민국 임시정부에서도 두드러지는 활동을 했다. 1920년에는 왕삼덕과 함께 특파원으로 간도에 파견되어 북로군정서 등 무장단체의 통합을 논의했다. 그는 간도 지역의 일본 군경에 대한 정찰이나 전투 임무를 수행하고, 독립운동을 선전하거나 군자금을 모으는 등 특파원 신분에 머무르지 않고 무장투쟁의 전면에 나섰다.

임무를 마치고 상하이로 돌아온 뒤에는 독립운동의 전략을 다듬고 갈등을 조정하는 데 힘썼다. 임시정부가 발행하는 〈독립신문〉을 통해 독립운동을 선전하고 자금을 모으는 활동도 활발히 펼쳤다. 1922년에는 오늘날의 국회의원 격인 임시의정원 의원에도 선출되었다.

1926년부터 1936년까지는 독립운동에 사용할 배를 만드는 데 힘을 기울이다가 일본의 탄압을 받자 홍콩으로 피신했다. 1939년 무렵에 병을 얻었고, 중국의 여러 지역을 옮겨 다니다가 끝내 귀국하지 못한 채 타국에서 생을 마쳤다.

# 이범석
1900~1972

> 청산리 전투의 용사,
> 중국군 장교와 광복군 장군을 거쳐
> 대한민국 정부 초대 국무총리와 국방부 장관을 지내다

소년 이범석은 1915년에 일본 학생으로 위장하고 중국으로 망명했다. 상하이에서 신채호 등 민족지도자를 만나 독립운동에 합류했고, 중국 윈난의 육군강무학교를 거쳐 군인이 되었다. 중국군 장교가 된 그는 3·1 운동 소식을 듣고 임시정부를 찾아갔다. 그는 임시정부 요인들과 논의해 만주에서 무장투쟁을 벌이기로 결심하고 신흥무관학교로 가서 교관이 되었다. 그러던 중 파견 요청을 받고 1920년 4월, 북로군정서에 합류했다.

그는 북로군정서에서도 독립군 장교를 교육했다. 그해 10월, 청산리 전투가 벌어지자 이범석은 독립군 사관생도를 이끌고 일본군과 싸웠다. 전투 후에는 소련으로 갔다가 자유시 참변 직전 만주로 돌아와 중국 국민당 장교로 활동했다. 1940년 임시정부가 광복군을 창설하자 광복군 제2지대장으로서 국내진공작전을 준비하다가 해방을 맞았다.

1946년에 귀국한 그는 조선민족청년단(족청)을 창단하고 핵심 인사로 활동했다. 국가지상, 민족지상을 내세운 족청은 국수주의적 극우단체라고 비판받기도 했다. 1948년에 수립된 대한민국 정부의 초대 국무총리와 국방부 장관을 지냈고, 이후 이승만의 지시로 자유당을 창당하는 등 정치인으로 활동했다. 그는 족청계 인사를 제거하려는 이승만에게 숙청당하기도 했으나 이후에도 정치 생명을 이어갔고 1972년에 죽음을 맞았다.

# 이상룡
1858~1932

> 안동을 대표하는 유학자,
> 50대의 늦은 나이에 간도로 건너가
> 독립운동에 온 힘을 다하다

이상룡은 안동을 대표하며 전국에 명성을 떨치는 유학자였다. 그는 명성황후가 시해되자 의병을 일으켰다. 하지만 일본의 군사력을 경험하고 애국계몽운동으로 방향을 틀었다. 1907년에는 협동학교를 세워 근대교육을 보급하는 한편, 스스로도 정통 유학자에서 계몽주의자로 거듭났다. 유학자로서 안정적인 지위를 누리던 50대에 새로운 사상을 받아들이는 유연함을 발휘한 것이다.

그는 1910년에 조선이 식민지가 되자 다음 해에 재산을 정리해 간도로 향했다. 조선과 가까운 간도에 무장투쟁의 근거지를 마련하기 위해서였다. 그는 이회영 등과 함께 경학사를 설립해서 조선인의 간도 정착을 돕고, 신흥강습소를 세워 독립군을 길러냈다. 1919년에 3·1 운동이 일어나고 독립운동의 열기가 높아지자 무장단체인 서로군정서를 결성해 간도에 침입한 일본군과 전투를 벌였다.

일본군이 물러난 이후, 그는 만주 지역 독립운동 단체들의 통합에 나섰고, 상하이에서도 활동했다. 대한민국 임시정부의 제2대 대통령 박은식이 사임한 후 오늘날의 국무총리 격인 국무령에 취임해 초대 대통령 이승만의 탄핵으로 혼란에 빠진 임시정부를 수습하려고 애썼다. 하지만 임정의 분열이 가라앉지 않자 자리에서 물러나 만주에서 활동하다가 세상을 떠났다.

# 이상설
1870~1917

> 네덜란드 헤이그에 파견된 밀사,
> 조국의 해방을 위해 평생을 국외에서 싸우다가
> 타국의 바다에 뿌려지다

이상설은 헤이그 특사였다. 그는 반드시 광복을 이루라고 당부하고, 광복을 보지 못했으니 모두 태워 바다에 뿌리고 제사도 지내지 말라는 유언을 남겼다.

관리였던 그는 을사늑약에 반대하며 자결을 시도했으나 실패했다. 이후 간도에서 항일운동을 펼치다가 1907년에 고종의 밀서를 가지고 찾아온 이준과 함께 시베리아 횡단 열차를 타고 만국평화회의가 열리는 헤이그로 갔다. 그러나 일본의 방해로 본회의에 참석하지 못했고, 그곳에서 순국한 이준의 장례를 치러야 했다.

이후 헤이그에 함께 갔던 이위종과 힘을 합쳐 러시아와 중국 국경 지대에 한인 마을인 한흥동을 건설했다. 한흥동은 자연스럽게 독립운동의 근거지가 되었다. 한인이 물자를 공급하고 무기를 운반했기 때문이다. 1910년에는 13도 의군에 참여해 북간도와 연해주의 의병을 통합했다. 그해 한일병합이 되자 성명회를 조직해 각국 정부에 조약 무효 선언서를 전달했다. 일본의 항의를 받은 러시아 정부가 그를 추방했지만 곧 블라디보스토크로 돌아왔다.

1914년에는 망명정부인 대한광복군정부의 대통령이 되었다. 그러나 그해에 제1차 세계대전이 일어나 러시아와 일본이 손잡으면서 러시아의 탄압이 심해져 해체되고 만다. 그는 1916년부터 병을 앓다가 회복하지 못했다. 동료들은 유언대로 시신을 화장해 바다에 뿌렸다.

# 장덕수
1894~1947

> 간도참변을 알린 장덕준 기자의 동생,
> 삼형제가 함께 독립운동의 길을 걸었으나
> 홀로 살아남아 친일파가 되다

1947년, 장덕수가 자택에서 암살당했다. 한국민주당 간부들과 대화하던 그에게 두 명의 암살사가 총을 쐈다. 김구가 암살의 배후라는 소문이 돌았지만, 진실은 밝혀지지 않았다.

그는 와세다대학교를 졸업하고, 1918년에 상하이로 가서 여운형 등과 함께 훗날 임시정부의 출발점이 되는 신한청년당을 만들었다. 그는 독립운동 자금을 마련하려고 일본과 조선을 오가다가 체포당하기도 했다. 1920년에는 〈동아일보〉를 창간하고 부사장 겸 편집 주간으로 일했다. 1923년부터 미국에서 공부하며 신문을 발간하고 이승만을 지원했다. 1936년 귀국해 〈동아일보〉 부사장으로 일했지만, 베를린 올림픽 일장기 말소사건으로 사임했다.

1938년에는 일본이 중일전쟁에 따른 혼란을 막는다며 흥업구락부 사건을 조작해 조선인 지식인을 대거 체포했는데 장덕수도 여기에 엮여 체포되었다. 이후 그는 각종 친일 단체의 간부를 맡으며 본격적인 친일의 길을 걸었다.

해방 이후에는 우익정당인 한국민주당의 핵심 정치인으로 활동했는데 김구, 이승만과 갈등을 벌이다가 암살당하고 말았다. 〈동아일보〉 창간에 함께한 형 장덕준이 간도참변을 취재하다가 실종됐고, 동생 장덕진도 임시정부에서 활동하다가 목숨을 잃었다는 점을 생각하면 아쉬운 생애가 아닐 수 없다.

기억해야 할 인물들

# 독립군의 일본군 포위망 탈출

러시아

중국 러시아 국경선

북부 국경수비대 (10월 18일의 위치)
남부 국경수비대 (10월 18일의 위치)

제13사단 병동 지역
제11사단 병동 지역
병참 부대

둥닝
장 하오유 정
하뉴 지대
하뉴 지대 (21일 예정)
하뉴 지대 (22일 예정)

중국

미산 방면

소수분하

북만주 파견대 작전 지역
(헤일빈~블라디보스토크 구간 동청 철도 수비. 동청 철도 중심의 제한된 지역에서 작전)

동청 철도

초비 부대

소속 지휘관 예하
제1여단 예하
중평예비대
제1여단 예하
제1여단 주력
제9사단 예하 치중대

무링전

중국군 작전 지역
일본군 작전 지역
(10월 16일 펑톈에서의 일본, 중국 정부의 기초)

400km
남양영 이남 지역

안지양 지대 (10월 16일의 위치)

메이린(梅林)
제5군 성여 단장 소장 리창

류바오치 샤치루이

초비군 총사령 중장 카치오미 위데 여단장 소장 장혜란(일 번파에 있음)

난만(영고탑)
둥경성
징보호

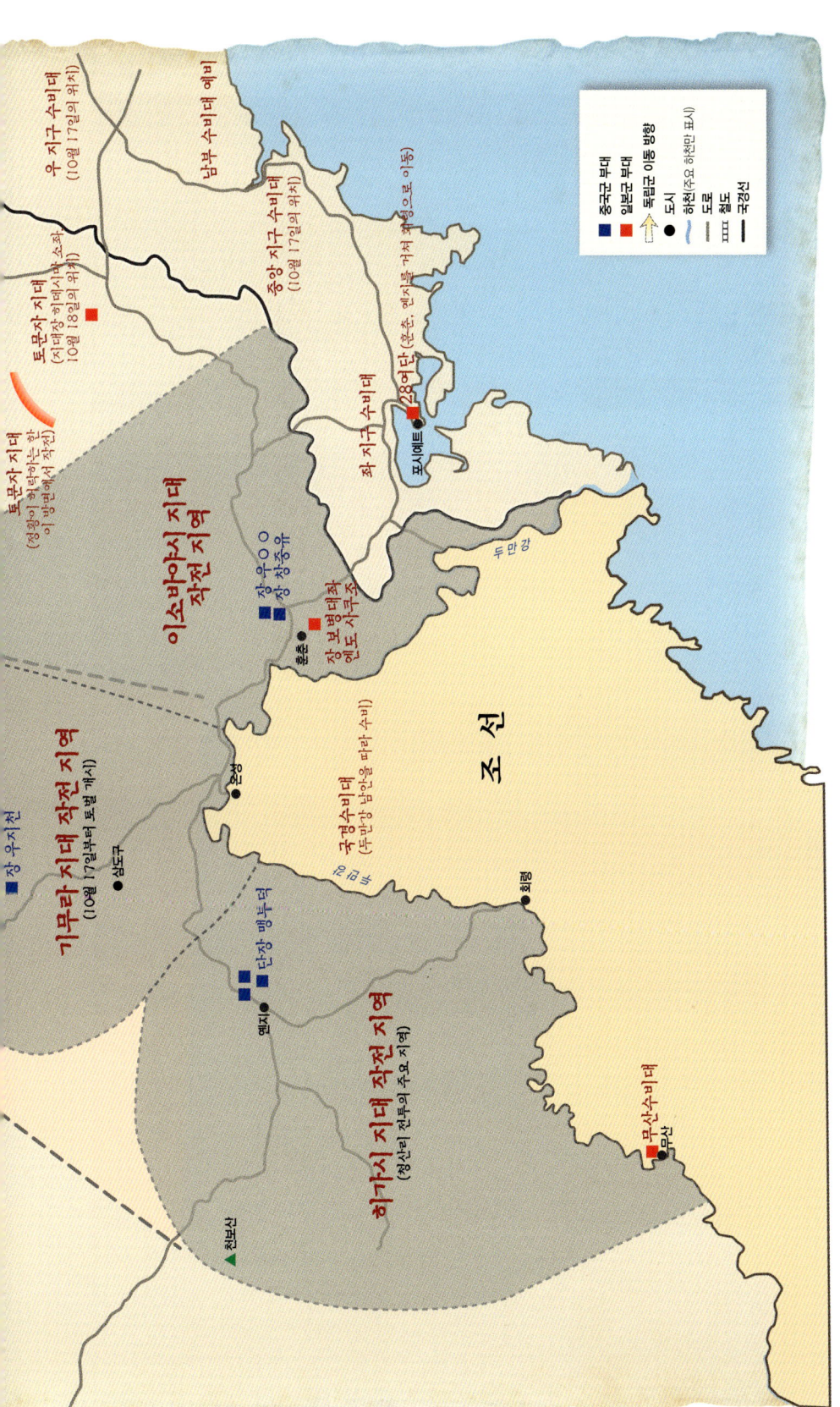

이 지도는 1920년 10월 20일자로 포조과전군 참모장에게 제출된 〈간도 방면 소탕 초기 일본-중국 군대 배치 일람도〉를 재구성한 것이다(아시아역사자료센터 JACAR: C06031223900). 1920년 10월 26일 청산리 전투가 종료되었다. 그러나 일본군의 포위망은 독립군의 예상보다 훨씬 광범위했다. 이후에도 독립군은 만주 곳곳의 일본군과 중국군을 피해 포위망 밖을 시도했다. 독립군은 소규모 단위로 흩어져 재 보급도 없이 혹독한 추위와 굶주림을 이겨내며 험준한 산악 지대를 가로질렀다. 중앙에서 이동했기 때문에 전체적인 이동 방향만 가늠할 수 있다. 독립군 부대들은 온갖 악조건을 견뎌내고 청산리 일대에서 북쪽으로 무려 400여 km나 이동했고, 11월 중순 중소 중국과 러시아에 접경있는 미산에 집결했다. 지하관부터 무명용사까지, 독립군 구성원들의 강열한 의지가 - 없었다면 불가능한 일이었다.

# 청산리 전투 타임라인

| 날짜(1920년) | 시간 | 독립군 | 김좌진 북로군정서 주력 | 일본군 | 19사단 주력 |
|---|---|---|---|
| 10월 이전 | | 중국군에게 일제의 탄압 계획 입수<br>8월 하순부터 청산리 일대 집결 | 북간도 일대 포위망 구축 |
| 10월 7일~13일 | | 일본군 대응책 결정<br>– 전투 회피, 전력 보존, 안도현 이동 | |
| 10월 17일 | 밤 | | 일본군 19사단 히가시 지대,<br>독립군 위치 정보 입수 |
| 10월 18일 | | | 히가시 지대 야마다 부대,<br>27기병연대 출진 |
| 10월 20일 | | | 야마다 부대 좌종대, 우종대 청산리 도착<br>27기병연대, 청산리 접근 |
| 10월 21일 | | **청산리 전투 시작** | |
| | 새벽 | | 야마다 부대 선발대, 청산리 수색<br>– 야스카와 사부로 소좌 지휘 |
| | | **백운평 전투 시작** | |
| | 10:00 | 백운평 계곡 일대 매복 | 선발대, 백운평 계곡 진입 |
| | | 전투 격화 | 야마다 부대 좌종대, 백운평 도착 |
| | | 일본군 저지 후 갑산촌으로 이동 | 일본군, 반격 및 추격 시도 |
| | 10:30 | **백운평 전투 종료** | |
| | 저녁 | | 27기병연대 일부, 천수평 마을 도착 |
| 10월 22일 | 02:00 | 갑산촌 도착 | |
| | | 조선인 주민, 일본군 천수평 주둔 알림 | |
| | | 이범석 휘하 연성대, 천수평 마을 포위 | |
| | 05:30 | **천수평 전투 시작** | |
| | | 어랑촌 서남쪽 874고지로 이동 | |
| | | **어랑촌 전투 시작** | |
| | 09:00 | | 히가시 지대 예비대, 27기병연대, 874고지 도착 |
| | | 874고지에서 매복 공격 | |
| | | 전투 격화 | 일본군 증원부대 도착 |
| | 정오 | **천수평 전투 종료** | |
| | 19:00 | 북로군정서, 흩어져서 후퇴 | 일본군, 독립군 추격 실패 |
| | | **어랑촌 전투 종료** | |
| 10월 23일 | | | 일본군, 전열 수습하며 어랑촌 숙영 |
| 10월 24일 | | 독립군 부대, 천보산으로 북상 | 히가시 지대 일부, 천보산 수비대로 주둔 |
| | | **천보산 전투 시작** | |
| | 20:00 | 독립군 부대, 천보산 수비대 야습 | |
| 10월 25일 | 새벽 | | 일본군 지원 병력 도착 |
| | | 독립군 부대, 북쪽으로 이동 | |
| | | **천보산 전투 종료** | |
| | 22:00 | | |
| | 24:00 | | |
| 10월 26일 | | | |
| | | **청산리 주요 전투 종료** | |

| 일본군 | 19사단 주력 | 독립군 | 홍범도 연합부대 주력 | 시간 | 날짜(1920년) |
|---|---|---|---|
| | | | 10월 이전 |
| 북간도 일대 포위망 구축 | 어랑촌 인근 주둔 | | 10월 7일~13일 |
| 일본군 19사단 히가시 지대, 독립군 위치 정보 입수 | 안도현 이동 계획 | 밤 | 10월 17일 |
| 히가시 지대 예비대 출동 | | | 10월 18일 |
| | | | 10월 20일 |
| **청산리 전투 시작** | | | |
| 히가시 지대 예비대, 완루구 수색 | 일본군과 접촉 | 새벽 | 10월 21일 |
| | | 10:00 | |
| 히가시 지대, 추격 및 포위 시도 | 매복과 기습, 회피 기동 | 10:30 | |
| | | 저녁 | |
| | | 02:00 | 10월 22일 |
| | 완루구 일대 포위망 탈출 | 05:30 | |
| **완루구 전투 종료** | | | |
| **어랑촌 전투 시작** | | | |
| 히가시 지대 예비대, 27기병연대, 874고지 도착 | | 09:00 | |
| | 어랑촌 인근 도착 | | |
| 일본군 증원부대 도착 | 어랑촌 전투 합류 | | |
| | | 정오 | |
| 일본군, 독립군 추격 실패 | 홍범도 연합부대, 흩어져서 후퇴 | 19:00 | |
| **어랑촌 전투 종료** | | | |
| 일본군, 전열 수습하며 어랑촌 숙영 | | | 10월 23일 |
| 어랑촌의 히가시 지대, 추격 재개 | 독립군 부대, 고동하 방면으로 남하 | | 10월 24일 |
| | | 20:00 | |
| | | 새벽 | 10월 25일 |
| | 독립군 부대, 고동하 인근 휴식 | | |
| 일본군, 독립군의 모닥불 연기 발견 | | 22:00 | |
| **고동하 전투** | | | |
| 일본군, 야습 | 독립군 부대, 반격 | 24:00 | |
| 일본군, 인근의 1743고지로 후퇴 | 독립군 부대, 이동 | | 10월 26일 |
| **고동하 전투 종료** | | | |
| **청산리 주요 전투 종료** | | | |

청산리 전투 타임라인

# 참고문헌

### 논문

공임순, 〈'청산리전투'를 둘러싼 기억과 망각술 ― '청산리전투'에 대한 이범석의 자기서사와 항(반)일=반공의 회로〉, 《국제어문》 76집, 2018.

김민호, 〈이범석의 생애와 독립운동〉, 《한국독립운동사연구》 44집, 2013.

김인호, 〈김좌진의 항일 인맥과 민족 이미지의 형성과 전개 ― 반도의용정신대와 대한민청을 중심으로〉, 《숭실사학》 34집, 2015.

김재두, 〈청산리전투의 재조명: 체코여단과의 만남〉, 《주간국방논단》 827호, 2000.

김춘선, 〈경신참변 연구〉, 《한국사연구》 111권, 2000.

배정현, 〈만주지역 대한국민회 회장 구춘선 연구〉, 《한국민족운동사연구》 87호, 2016.

신주백, 〈1920년 전후 재만한인 민족주의자의 민족 현실에 대한 인식의 변화〉, 《한국사연구》 111권, 2000.

신주백, 〈한국현대사에서 청산리전투에 관한 기억의 流動 ― 회고록·전기와 역사교과서를 중심으로〉, 《한국근현대사 연구》 57집, 2011.

신효승, 〈청산리 전역시 일본군의 군사체계와 독립군의 대응〉, 《학림》 37집, 2016.

신효승, 〈청산리 전역의 전개 배경과 독립군의 작전〉, 《한국민족운동사연구》 86호, 2016.

신효승, 〈1차 세계대전 이후 일본의 군사 전략 변화와 간도침략〉, 《만주연구》 26집, 2018.

이숙화, 〈경북인의 大倧敎 수용과 국외 항일운동 ― 1910~1920년대 초 서간도에서 활동을 중심으로〉, 《단군학연구》 42집, 2020.

정예지, 〈경신참변(庚申慘變)기 조선인 '귀순' 문제 연구 ― 북간도를 중심으로〉, 《사림》 38호, 2011.

조동걸, 〈滿洲에서 전개된 한국독립운동의 역사적 의의〉, 《한국사연구》 111권, 2000.

조원기, 〈일제의 만주침략과 간도참변〉, 《한국독립운동사연구》 41집, 2012.

조필군, 〈청산리전역의 군사사학적 재조명〉, 《한국독립운동사연구》 38집, 2011.

현진국, 〈중국 연변지구 항일 근거지 연구〉, 《학림》 37집, 2016.

### 도서

김연옥 역, 《간도출병사》, 경인문화사, 2019.

독립기념관 한국독립운동사연구소 편, 《(청산리 대첩) 이우석 수기·신흥무관학교》, 독립기념관, 2013.

박환, 《사진으로 보는 러시아지역 한인의 삶과 기억의 공간》, 민속원, 2013.

박환, 《사진으로 보는 만주지역 한인의 삶과 기억의 공간》, 민속원, 2016.

박환, 《페치카 최재형》, 선인, 2018.

박환, 《독립군과 무기》, 선인, 2020.

서중석, 《신흥무관학교와 망명자들》, 역사비평사, 2001.

이성우, 《김좌진: 만주 항일무장투쟁의 신화》, 역사공간, 2011.

황민호, 홍선표, 《3·1 운동 직후 무장투쟁과 외교활동》, 독립기념관 한국독립운동연구소, 2008.

### 기타

네이버 뉴스 라이브러리: newslibrary.naver.com

아시아역사자료센터: JACAR: C06031223900

## 청산리의 결전

1판 1쇄 인쇄 2021년 7월 15일
1판 1쇄 발행 2021년 8월 2일

글 정명섭
그림 남문희
감수 신효승
펴낸이 김영곤
펴낸곳 ㈜북이십일 레드리버

키즈융합부문 이사 신정숙
융합사업2본부장 이득재
전쟁사팀 팀장 최인수
책임편집 배성원 마정훈 유현기
외주편집 이재숙
디자인 02정보디자인연구소
영업본부장 김창훈
영업2팀 이경학 오다은 김소연
마케팅본부장 변유경
마케팅팀 김영남 문윤정 구세희 이규림 고아라
제작팀 이영민 권경민

출판등록 2000년 5월 6일 제406-2003-061호
주소 (10881) 경기도 파주시 회동길 201(문발동)
대표전화 031-955-2100 내용문의 031-955-2731 팩스 031-955-2151 이메일 book21@book21.co.kr

ⓒ정명섭·남문희, 2021

ISBN 978-89-509-9300-9

책값은 뒤표지에 있습니다.
이 책 내용의 일부 또는 전부를 재사용하려면 반드시 레드리버의 동의를 얻어야 합니다.
잘못 만들어진 책은 구입하신 서점에서 교환해 드립니다.